聞いてみました!
日本にくらす外国人 4

監修 明治大学教授 佐藤郡衛

イギリス・イタリア・ロシア・エストニア

ポプラ社

はじめに

これからの日本をつくっていくみなさんへ

　みなさんのまわりに、外国から来た人はいますか。いま世界では、国をこえて生活する人たちがふえています。海外旅行をしやすい環境(かんきょう)がつくられたり、生活がゆたかになったりした国からは、旅行で日本に来る人たちがふえていますし、日本でくらし、学校に通ったり、工場や会社ではたらいたりする外国の人もふえつづけています。こうした人たちは、なぜ日本に住むようになったのでしょうか。その人それぞれに、理由がありそうですね。

　外国に住むというのは、どういうことでしょうか。みなさんが外国で生活することになったと考えてみてください。ことばがまったくわからない学校に行けば、大きな不安をかかえることでしょう。でも、その学校に日本人や自分を助けてくれる人がいたら、どんなにかうれしいですよね。

　また、食べもの、生活習慣(しゅうかん)、約束事など、日本のくらしとのちがいにも、とまどうことが多いはずです。同じように、わたしたちにとってはあたりまえすぎてうたがいもしなかったことが、外国の人からみると不思議に思うことも数多くあります。外国の人は、日本に来てどんなことが不思議だと思うのでしょうか。その理由も考えてみましょう。それが、ことなるくらしや歴史

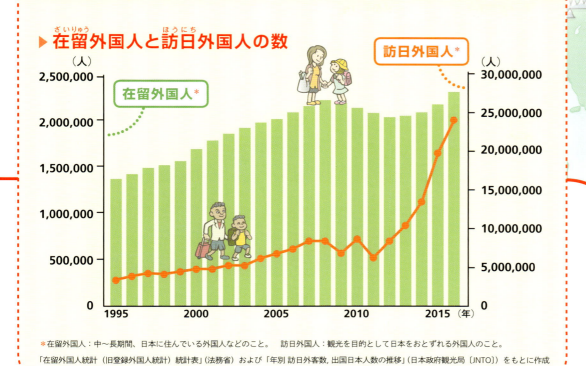

▶ 在留外国人と訪日外国人の数

*在留外国人：中〜長期間、日本に住んでいる外国人などのこと。　訪日外国人：観光を目的として日本をおとずれる外国人のこと。
「在留外国人統計（旧登録外国人統計）統計表」（法務省）および「年別 訪日外客数, 出国日本人数の推移」（日本政府観光局〔JNTO〕）をもとに作成

　をもつ人たちがおたがいに理解しあう「異文化理解」につながっていきます。
　こうしたいくつかの疑問を日本に住む外国の人に聞いてみたのが、このシリーズです。シリーズ全体で20か国の人が登場しますが、この本ではイギリス・イタリア・ロシア・エストニアから来た4人をとりあげています。ぜひ、ここに登場する人たちを通して、4つの国や文化について理解を深めてください。
　日本には、これからもっともっと多くの外国の人が住むようになるでしょう。おたがいに理解を深めつつ、いっしょに新しい社会をつくっていく──この本が、そのための一つのステップになることを願っています。

2018年4月

明治大学教授　佐藤 郡衛

もくじ

はじめに 2　　この本の読み方と特徴 5

イギリスから来た ダイアン吉日さん　6
に聞きました

- わたしが来日した理由　7
- 日本での仕事とくらし　8
- 大切な人とのつながり　10
- 仕事仲間に聞きました
  アシスタント　伊藤 綾さん　11
- ダイアンさんの
  ここにびっくり！ イギリスと日本　12
- データ調べ
  イギリスをもっと知ろう！　15

イタリアから来た ビオレッティ・アレッサンドロさん　16
に聞きました

- わたしが来日した理由　17
- 日本での仕事とくらし　18
- 大切な人とのつながり　20
- 友人に聞きました
  イラストレーター　中島太意さん　21
- アレッサンドロさんの
  ここにびっくり！ イタリアと日本　22
- データ調べ
  イタリアをもっと知ろう！　25

ロシアから来た ジェーニャさん　26
に聞きました

- わたしが来日した理由　27
- 日本での仕事とくらし　28
- 大切な人とのつながり　30
- 家族に聞きました
  母　タチアナさん　31
- ジェーニャさんの
  ここにびっくり！ ロシアと日本　32
- データ調べ
  ロシアをもっと知ろう！　35

エストニアから来た 把瑠都さん　36
に聞きました

- わたしが来日した理由　37
- 日本での仕事とくらし　38
- 大切な人とのつながり　40
- 友人に聞きました
  会社の経営者　ユリソー・ヤンノさん　41
- 把瑠都さんの
  ここにびっくり！ エストニアと日本　42
- データ調べ
  エストニアをもっと知ろう！　45

さくいん　46

この本の読み方と特徴

それぞれの外国出身の方について、インタビュー取材などをもとに、大きく5つのことがらを紹介しています。

① 日本に来た理由

名前
紹介する人物のフルネームや芸名を掲載しています。

来日の理由
日本に来ることになった理由を紹介します。

日本とのつながり
出生から来日した時期、来日後の状況までを紹介します。

母国
どのような国から来たのか、楽しいイラスト地図で紹介します。

② 日本での仕事とくらし

日本での仕事とくらし
ふだんの仕事やくらしを紹介します。

こんなことまで聞いてみました！
くらしについて、よりくわしい質問に答えてもらいました。

③ 大切な人とのつながり

大切な人の紹介
家族や友人など、大切な人とのつながりを紹介します。

よく知る人へのインタビュー
家族や友人、職場の仲間などにお話を聞きました。

④ ここにびっくり！

日本と母国の習慣・文化の比較
日本にくらしてみて、習慣や文化をくらべておどろいたことを紹介します。

⑤ データ調べ

母国がわかる17データ
面積や人口、通貨など、その国の基本情報を17の項目で説明します。　※データの出典は48ページ。

バイリンガル*落語家
ダイアン吉日さん

🇬🇧 **イギリス**
から来た
ダイアン吉日さん
に聞きました

*バイリンガル：2つの言語を使うことができる人のこと。

わたしが来日した理由
「日本はおもしろい国。行ったほうがいい！」と言われたからです。

Q. 日本に興味をもったきっかけは何ですか？

日本に対してとくに興味があったわけではありません。

ただ、子どものころからいろいろな国の物語を聞いたり読んだりしていましたし、家には世界各国の人形がかざられていたので、おとなになったらいろいろな国を旅してみたいと思っていました。そのことが、のちに日本でくらすきっかけになったのだと思います。

Q. どうして日本に来ることになったのですか？

アートカレッジ＊を卒業したあとに、ロンドンでグラフィックデザイナー＊としてはたらき、お金をためて世界各国への旅に出ました。

日本に行く予定はなかったのですが、ニュージーランドにいたときに、アメリカ人の友だちから「日本はおもしろい国だから、行ったほうがいい！」とすすめられました。友だちは、「日本はきれいで安全な国で、やさしい人が多い」と言うのです。それで、日本に行くことにしました。

初来日は1990年で、3か月ほどの滞在のつもりでした。でも、日本の伝統文化に接するうちにはなれられなくなり、各地をまわったあと、友だちができた大阪に住むことになりました。

ダイアンさんと日本のつながり

- イギリスのリバプール市で生まれる。3人姉妹の次女。
- アートカレッジを卒業し、ロンドンのデザイン事務所につとめる。
- **28年前** 来日！
  たまったお金で旅に出て、友人にすすめられて日本に。
- **24年前**
  華道の免許をとる。
- **22年前**
  英語落語と出あい、落語の世界へ。
- **16年前**
  茶道の免許をとる。
- **現在**
  バイリンガル落語家として、日本や海外で活躍中。

● ダイアン吉日さんの母国・イギリス

オーストラリアを旅行中のダイアンさん（右）。

リバプールには、イギリス国教会の教会寺院、リバプール大聖堂がある。

＊アートカレッジ：美術の専門学校のこと。　＊グラフィックデザイナー：雑誌や本、ポスターといった印刷物の写真やイラスト、文字などをデザインする人。

日本での仕事とくらし

バイリンガル落語家として活躍するダイアンさん。仕事やふだんのくらしについて聞きました。

はじめて聞いた英語落語に鳥肌が立った

1996年、わたしにとって運命的なできごとがありました。落語家の桂枝雀さんとの出あいです。枝雀さんは、外国人にも知ってほしいと英語で落語をしながら、外国人のお茶子＊をさがしていました。そこで、わたしが手伝うことになったのです。

はじめて英語の落語を聞いたときは、鳥肌が立ちました。使うのは、手ぬぐいと扇子だけ。あとは声色を変えた話し方で、1人で何人もの役を演じ、聞く人たちをいろいろな世界へと連れていってくれるのです。こんなエンターテイメントがあったのかと、感動しました。

落語家になることは、考えたことがなくて、「1回やってみる？」と言われたときも、最初はことわりました。でも、挑戦してみようかなとの思いもめばえ、1998年にデビューしました。いまでは、英語でも日本語でも話せるバイリンガル落語家として、外国人の前で落語をすることも多くなりました。

＊お茶子：落語の席で、場が変わるときに座布団をうら返したり、演者の名前を書いた「めくり」をうら返したりするスタッフのこと。

落語は要望にあわせて、英語でも日本語でも行う。自作の落語も披露し、海外公演にも出むく（写真右）。

こんなことまで聞いてみました！

Q. 名前の由来は？

「大安吉日」

ダイアンはギリシャ語で「天の」「神聖な」という意味。これと、縁起のよい「大安吉日」をかけて、芸名にしました。

Q. 好きなことばは何ですか？

「一期一会」

一生にいちどの機会、生涯でいちどかぎりと考えて、出あいに感謝するといった意味です。わたしは茶道で出あったこのことばが大好きです。

そんなときは、たとえば古典落語の「まんじゅうこわい*」なら、外国人により伝わりやすいように「寿司こわい」に変えるなどのくふうをしています。また、落語のあとに日本文化の魅力について講演することもあります。

リバプールとにている大阪が大好き

大阪は、会話のテンポが速く、他人を笑わせるのが好きな、楽しい町だと思います。じつは、わたしが生まれ育ったリバプールの人も、大阪の人と同じように早口でしゃべるんです。長いことばを短く略したり、人がらが明るく、前向きでくよくよしないところもにているなと思いますね。

わたしは大阪市の空堀商店街の近くに住んでいますが、ここは昔ながらの商店街で、買いものも楽しいです。茶道をやっているので、お茶屋さんとは顔なじみですし、ベジタリアンなので商店街に手づくりのお豆腐屋さんがあるのも助かります。

落語のネタを考えたりするときは、パソコンなどをもって大阪城公園に行きます。外で考えると気持ちがよく、アイデアもうかびますね。

大阪の空堀商店街で買いものをするダイアンさん(写真左上・右)。自宅から近い大阪城公園では、パソコンで仕事をすることもある(写真左下)。

着物のリメイクでオリジナルブランドも!

趣味は、着物のリメイクです。着物は400着ほどもっていますが、着ないものもあるのでいろいろなものにつくりかえています。わたしは小さいころから、思いついたものを手づくりするのが好きで、きれいな日本の着物を見ていると、これでバッグや帽子をつくるとどうなるだろうと、アイデアがわいてきます。いつか自分のオリジナルブランドをつくりたいとも思っています。

*まんじゅうこわい:ほんとうは大好きなのに「まんじゅうがこわい(苦手)」と仲間に告げ、まんじゅうをさしいれさせる話。

Q.将来の夢は?

「本を出すこと」

これまで世界各地でいろいろな経験をしたので、自分のこれまでの半生をまとめて、写真もたくさん入れた本を出したいと思っています。

ダイアンさんが着物や帯からリメイクしたバッグや帽子、洋服など。

大切な人とのつながり

ダイアンさんはいま、大阪で一人ぐらし。イギリスにいる家族のことなどを聞きました。

家族との連絡はインターネットで

イギリスからもってきた家族写真は、わたしのいちばんの宝もので、イギリスの両親とは週に2～3回、電話をしています。姉や妹とはSNS*でつながっていますので、わたしがどこで何をしているかは知っているはずです。わたしは小さいころ人見知りがはげしく、知らない人の前で話すのは苦手でした。それが、いまでは人前で英語や日本語で落語をしているのですから、家族はおどろいていると思います。

左から、お姉さん、妹さん、お母さん、ダイアンさん、お父さん。

昔もいまも人形が好き

イギリスのわたしの家には、両親が友だちや親せきからおみやげとしてもらった世界各国の人形がありました。わたしが外国に興味をもつようになったきっかけです。

そしていまは、わたしが住んでいる大阪の家では、下の写真のように、たくさんの日本の人形をかざっています。

大阪の家にかざられた、たくさんの日本の人形。

バルーンアートで元気に！

わたしはバルーンアーティストとしても活動しています。さまざまなイベントでバルーンアートを見せたり、幼稚園や保育園で子ども向けにバルーンアートと英語を組みあわせたショーをしたりしています。東日本大震災の被災地でもバルーンショーと落語を行いました。「久しぶりに笑うことができた」と声をかけられて、笑いを通じた人とのつながりの大切さをあらためて実感しました。

風船で動物や花などをつくるバルーンアート。

他人を笑わせるのが大好き！

*SNS：インターネット上でほかの人と交流できる会員制のオンラインサービス。英語のSocial Networking Serviceを略したもの。

仕事仲間に聞きました

明るく前向きなダイアンに刺激を受けています。

アシスタント
伊藤 綾さん

英語と笑顔が採用の条件

ダイアンと出あったのは、わたしとダイアンの共通の知りあいから、ダイアンがアシスタントをさがしていると、紹介されたのがきっかけです。

あとで聞いたのですが、アシスタントの条件は、①英語ができること、②笑顔で明るいこと、だったそうです。わたしはカナダでくらした経験があるので、あるていど英語ができ、着物が大好きで、着付けも習っていました。ダイアンとは、はじめて会ったその日に着物の話でもりあがり、すぐに仲よくなりました。

仕事は事務とスケジュール管理

アシスタントといっても、ダイアンの仕事場にわたしがついて行くことはほとんどありません。自宅で電話とパソコンを使って、ダイアンのところに来た問い合わせの受付窓口の仕事をしています。それから、ダイアンのスケジュール管理もわたしの大切な仕事です。

ダイアンは、日本語の読み書きは苦手なので、電話で話すときは日本語ですが、メールでは英語でやりとりをしています。いつか彼女の海外公演に同行できたらうれしいです。

1人のファンとして応援

ダイアンは、一つ一つの仕事を手さぐりで進めながらいつも前向きに生きています。自分の信念をしっかりもち、いつもパワフルでいきいきとしています。ベジタリアンでお肉を食べないのに、ほんとうにどこからあのパワーがわいてくるのか不思議なくらいです。

仕事をはなれて、わたしは1人のファンとして彼女を応援しています。

お気にいりの小さなレストランにて。

3D写真がとれるイベントに2人で行ったこともある。

イギリス　ダイアン吉日さん

ダイアンさんの ここにびっくり！イギリスと日本

●日本は自然がゆたかで植物の種類も豊富！

写真提供：Amanda Slater/flickr

イギリスでは、6月から9月ごろまで庭にさまざまな種類のバラがさく（写真右）。オールドローズのなかでも、もっとも古い品種といわれているガリカ・ローズ（写真上）。

イギリス人はガーデニング好き 花や野菜づくりを楽しむ

いまの家には庭がないので鉢植えを楽しんでいます。

　イギリスでは、戸建ての家には庭がついていることが多く、ガーデニングが親しまれています。なかでも、イギリス人が愛するのは、古い時代から栽培されていたオールドローズ。年にいちどしかさきませんが、花びらが多くて香りもよいのが魅力です。

　庭いじりがさかんなのは、イギリスが世界に先駆けて都市化が進み、失われた自然をとりもどしたいという思いがあるから、ともいわれています。

　日本とくらべて寒いイギリスでは、植物の種類が少ないので、植物を家のまわりにふやしたいという思いもあるのかもしれませんね。

王立植物園「キューガーデン」

ロンドンには1759年に開設された王立植物園があり、世界各地のめずらしい植物が展示され、種の保存にも力が入れられています。

日本にはベジタリアン向けの食品が少ない

肉や魚が使われていないことをしめすマークをつけてほしい

わたしは子どものころから、野菜と豆・豆製品（豆腐など）、牛乳・乳製品（チーズ、ヨーグルトなど）を食べるベジタリアンです。日本に来て、おいしい豆腐や湯葉と出あえて、とてもうれしいです。

イギリスでは、レストランのメニューやスーパーマーケットの加工品などの多くに、ベジタリアン向けのマークがついています。見た目には肉や魚が入っていなくても、肉や魚からとったエキスやだしが使われていることがあるので、マークがあると便利です。

でも、日本ではベジタリアンが少ないせいか、このマークが少なくて残念ですね。

イギリス　ダイアン吉日さん

最近では日本でも、ベジタリアンに対応しているマークを店の前に表示したり、商品自体につけたりするとりくみがはじまっている。

認証マーク提供：NPO法人ベジプロジェクトジャパン

日本でも、もっとベジタリアンのマークが広がってほしいな。

イギリス人も「すみません（エクスキューズミー）」とよく言う

日本人もイギリス人もていねいに接するところが同じ

日本人とイギリス人はにているな、と思うところがあります。それは、マナーがよく、人にていねいに対応するところです。

日本人はよく「すみません」と言いますが、イギリス人も英語のすみませんにあたる「Excuse me（エクスキューズ ミー）」をよく使います。ことばはちがいますが、人への接し方がにていて安心します。

日本の宅配便はとても正確!!

「日本の宅配便システムは世界一かも！」

イギリスはサービスが雑で再配達もしてくれない

わたしは、旅行や仕事で日本各地に出かけます。ときどき着物などをスーツケースに入れて仕事先に宅配便で送ることがあるのですが、指定した通りの日に正確にとどいていて、とても助かっています。

不在の場合は再配達をしてくれるし、荷物が番号で管理されているので、インターネットで調べれば、いまどこでどのような状態なのかがわかります。

イギリスでは、こんなにきめ細かなサービスはしてくれません。業者にもよりますが、不在のときは再配達をしてくれないので、自分でとりに行きます。

日本の使いすてカイロは便利！

寒いイギリスにこそこのカイロがあってほしい！

わたしは日本に来て、使いすてカイロに出あったとき、こんなにかんたんに手をあたためられるものがあるのかと、感激しました。

イギリスは寒い国なので、冬は手足がとても冷えます。わたしはイギリスの家族や友だちに、日本のカイロをプレゼントしているのですが、あげた人みんなに喜んでもらっています。

データ調べ イギリスをもっと知ろう！

❶ 正式名称	グレートブリテンおよび北アイルランド連合王国	
❷ 首都	ロンドン	
❸ 面積	24万2,000km² （日本は37万8,000km²）	
❹ 地勢	ヨーロッパ大陸北西のグレートブリテン島とアイルランド島北部などからなる。	
❺ 人口	6,618万2,000人〈2017年〉（日本は1億2,558万4,000人〈2017年〉）	
❻ おもな言語	英語（公用語）	
❼ 民族	約90％が白人。そのほか、黒人、インド人、パキスタン人など。	
❽ 宗教	71.6％がキリスト教。そのほか、イスラム教2.7％、ヒンドゥー教1.0％など。	
❾ 通貨	スターリング＝ポンド	
❿ 日本とイギリスの時差	日本より9時間おそい（夏時間*では8時間おそい）	
⓫ 東京とロンドンの距離	9,585km	
⓬ ロンドンの平均気温	〈1月〉5.8℃ 〈7月〉18.7℃（東京の平均気温は、〈1月〉5.2℃、〈7月〉26.4℃）	
⓭ 平均寿命	男性79歳、女性83歳〈2015年〉（日本は男性81歳、女性87歳〈2015年〉）	
⓮ 日本にくらすイギリス人の数	1万6,454人〈2016年〉	
⓯ イギリスにくらす日本人の数	6万4,968人〈2016年〉	
⓰ 世界遺産登録数	31件〈2017年〉	

＊夏時間：日の出の時刻が早まる夏の約6か月間、時計の針を1時間進める制度。

首都ロンドンにある世界遺産のウエストミンスター大寺院。

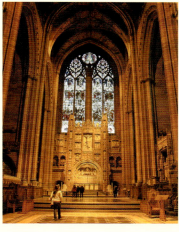

ステンドグラスがあざやかな国内最大級の教会、リバプール大聖堂の内部。
写真提供：Tim Dutton/flicker

⓱ 日本との貿易

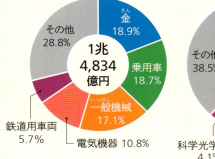
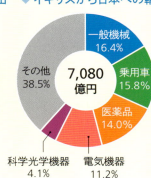

◆ 日本からイギリスへの輸出
1兆4,834億円
- 金 18.9%
- 乗用車 18.7%
- 一般機械 17.1%
- 電気機器 10.8%
- 鉄道用車両 5.7%
- その他 28.8%

◆ イギリスから日本への輸出
7,080億円
- 一般機械 16.4%
- 乗用車 15.8%
- 医薬品 14.0%
- 電気機器 11.2%
- 科学光学機器 4.1%
- その他 38.5%

〈2016年〉

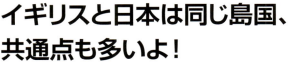

イギリスと日本は同じ島国、共通点も多いよ！

※データの出典は48ページ。

イラストレーター
ビオレッティ・アレッサンドロさん

妻
大前妙子さん

🇮🇹 イタリア
から来た
ビオレッティ・アレッサンドロさん
に聞きました 🎤

※日本では国際結婚の場合、夫婦でべつべつの名字を名のることがみとめられている。

わたしが来日した理由
日本にくらしながら大好きな絵の仕事がしたかったからです！

Q. 日本に興味をもったきっかけは何ですか？

7歳のときに、祖父の家の本だなで日本の写真集を見つけたことです。人物の表情やカラフルな看板、見たことのない文字（漢字やひらがな）、着物の人など、どんな国だろうと興味をもちました。写真集を何度も何度も見て、日本に行きたいと思っていました。

10代のころには、イタリアで日本の漫画がブームになり、『ドラゴンボール』や『スラムダンク』などを読んでいました。小さなころから絵の仕事にあこがれていて、『バガボンド』ににた漫画をかいていたこともあります。

Q. どうして日本に来ることになったのですか？

「大好きな日本に住みたい」という夢と「絵をかく仕事がしたい」という夢を両方かなえたくて、日本を何度もおとずれました。そこで日本の画家や漫画家、出版社の人などと知りあいになり、仕事をすることもありました。2014年には絵本を出版し、日本での仕事に自信がついたので、引っこしてきました。

7歳のころに出あった日本の写真集。イタリアで出版されたもの。 Giovanni Giovannini（1971）GIAPPONE, AEDA.

『ドラゴンボール』（集英社）
©バードスタジオ／集英社

『スラムダンク』（集英社）
©井上雄彦 I.T.Planning.inc

『バガボンド』（講談社）
©I.T.Planning.inc

10代のころに読んでいた日本の漫画。

アレッサンドロさんと日本のつながり

- **33年前** イタリアのトリノで生まれる。一人っ子。
- **26年前** 祖父の家で日本の写真集を見る。
- **17年前** 語学学校で日本語の勉強をはじめる。
- **15年前** はじめての日本旅行。このあと、何度も日本をおとずれる。
- **4年前** 来日！ 2014年に日本で絵本を出版したことをきっかけに移住。
- **現在** イラストレーターとしてはたらく。妻と2人で東京に住む。

● アレッサンドロさんの母国・イタリア

モーレ・アントネリアーナはトリノを代表する建築物の一つ。

日本での仕事とくらし

イラストレーターとして活躍するアレッサンドロさん。仕事やふだんのくらしについて聞きました。

本や雑誌、広告などで絵をかくのが仕事

わたしの仕事は絵をかくことです。雑誌にイラストをかいたり、広告のためにキャラクターをつくったりしています。絵本も出版しました。日本の会社との仕事が中心ですが、外国からの依頼でかくこともあります。

仕事をする場所は、おもに家です。朝は8時半ごろに起きて朝ごはんを食べたら、10時ごろから仕事の開始です。絵の注文がたくさん来ているときには、夜中まではたらくこともあります。

仕事が休みの日には、絵の展覧会や、自然にふれられる場所に行ったりします。

2年間かかってかいた宝さがしの絵本。

ビオレッティ・アレッサンドロ『みつけてアレくん！ せかいのたび』(小学館)

イタリア料理も和食も両方好き

いそがしいときも、ごはんはゆっくりと食べるようにしています。朝食は、パンにジャムやはちみつなどをつけたもの、あるいはシリアル、それにコーヒーを飲みます。これは、イタリアの一般的な朝食です。

昼と夜は、イタリア料理や和食で、いろいろなものを食べます。日本に来て、納豆をよく食べるようになりました。最初に食べたときは、「苦くてコーヒーみたい。クモの巣がはっているみたい」と、おいしいとは思えませんでした。でも、だんだん好きになって、いまでは週に3回は食べています。

料理はおもに妻がつくってくれ

仕事の絵はコンピューターでかく場合もあるし、筆と絵の具を使ってかく場合もある。

食材はイタリアの友人から送ってもらうこともある。写真は、コーヒー（左）とはちみつ（右）。

ますが、わたしも料理が好きなので、土日にはよくイタリア料理をつくります。たまに和食にも挑戦しますが、まだじょうずにつくれません。

日本の家は長くすごすには小さいと思う

東京で住むところをさがすと、家が小さいことにおどろかされます。日本人は、とくに若くて一人ぐらしの人だと、自分の家は、ねむるだけの場所なのかもしれません。家族がいる人でも、仕事のあとに会社の人と食事をしたりお酒を飲んだりするようですし、子どもたちは部活動や塾通いで、家以外ですごす時間が長いように思います。外食をする回数も、イタリア人より多いと思います。

イタリア人は、仕事が終わるとすぐに家に帰ります。学校で部活動があることは少なく、子どもたちも授業が終わるとすぐ家に帰ります。おとなも子どもも家ですごす時間が長いので、イタリア人にとっては家の広さや心地よいスペースがあることが大事なのです。

料理をするときは、イタリア産のオリーブオイルを使うことが多い。

こんなことまで聞いてみました！

Q. 名前の由来は？

「人をまもる、という意味」

アレッサンドロは紀元前8〜4世紀ごろからある名前。ギリシャ語の「Aléxein（まもる）」と「Andròs（人間）」がくっついています。

Q. 好きなスポーツは？

「水泳」

とてもリラックスできるので、水泳が好きです。週1回、近所の区民プールで泳いでいます。決められた時間になるといっせいに休けいをとるので、最初はびっくりしました。

大切な人とのつながり

家族との時間を大切にするアレッサンドロさんに、妻の妙子さんや故郷の両親について聞きました。

2人とも自然を感じられる場所が好き。近所の公園をよく散歩している。

妻はメークアップアーティスト 休日は夫婦でデートに行く

妻とは、日本で知りあいました。妻の仕事は、雑誌や広告などで、モデルや出演者の化粧を担当するメークアップアーティストです。フランスやドイツで活躍し、現在は東京を中心に活動しています。

休みの日には、妻といっしょにすごします。2人とも芸術が好きですが、わたしは絵の展覧会に行きたがり、妻は写真の展覧会に行きたがるので、おたがいの見たいものを半分ずつ見ることになります。近所の公園での散歩も、大事にしている時間です。

刺しゅうのアーティストの展示会にも2人で出かけた。

週にいちどは両親と話す

祖父母はもうなくなってしまいましたが、故郷の両親とは、週にいちどはかならずインターネットのビデオ通話で話をします。仕事のこと、生活のこと、遊びに行ったこと、日常のこと、なんでも話しています。ビデオ通話には妻も参加します。妻はイタリア語が話せないので、英語で少し会話をしたり、わたしが通訳をしたりしています。

イタリアにくらすお父さん(左)とお母さん(右)。

妻とすごす時間が何より大切です!

友人に聞きました

アレ君をほんとうの息子のように思っています。

イラストレーター
中島太意さん

インターネットで知りあう

わたしとアレッサンドロさんは10年以上のつきあいで、ふだんは「アレ君」とよんでいます。わたしは、1960年代後半ごろから絵やポスター、CDジャケットのようなグラフィックデザインの仕事をしてきました。自分の作品をウェブサイトで紹介していたのですが、それを見てアレ君がメールで連絡をしてきたのが、最初の出あいです。突然でおどろきましたが、会ってみるととても感じのよい青年で、すぐに仲よくなりました。

アレ君が日本に来るたびに会い、絵を見せてもらって、その感想をいったり、絵の仕事ができるようになればと、デザインの会社を紹介したりしていました。

アレッサンドロさんは努力家

アレ君はとても努力家です。会うたびに絵がうまくなっていき、よく練習しているのがわかりました。仕事をもらえるように、いろいろな人とつながりをつくることにも一生懸命です。

わたしは1945年生まれで、アレ君とは40歳以上はなれていますが、アレ君は「日本のお父さん」としたってくれて、わたしもほんとうの息子のように思っています。アレ君に絵の仕事がふえてきたときは、心からうれしかったですよ。

日本の若者より礼儀正しい

いまは、わたしの妻、アレ君の奥さんの妙子さんも交えて、家族ぐるみのおつきあいをしています。月にいちどは会って、食事をしたり、絵について議論したりしています。

わたしは、アレ君がイタリア人だという気がしません。日本語のあいさつもしっかりできますし、家に上がるときにはちゃんとくつをそろえます。多くの日本人の若者よりも、ずっと日本の礼儀をまもっているのではないでしょうか。

絵の才能もすばらしいので、今後、どんどん自分のかきたいテーマで作品をつくっていってほしいと思います。

イタリア　ビオレッティ・アレッサンドロさん

中島さんは妻の妙子さんとも親しくしている。

アレッサンドロさんの ここにびっくり！イタリアと日本

●なんでも「スパゲッティ」とよぶ日本人にびっくり！

イタリアのお店ではたくさんの種類の「パスタ」が売られている。

パスタには いろいろな種類が あるんだよ！

本来は「パスタ」の一種を「スパゲッティ」という

　イタリア料理のパスタが日本でも有名なのは、うれしいことです。しかし、パスタをなんでも「スパゲッティ」とよぶのはまちがいです。パスタはめん類全般(ぜんぱん)のことで、スパゲッティはパスタのなかの細長い種類のもののこと。平べったい形の「フェットチーネ」、蝶(ちょう)の形をした「ファルファッレ」など、パスタにはイタリア人でも覚えきれないほど、たくさんの種類があります。

「ナポリタン」は日本生まれ！

　日本で人気の「ナポリタン」には、英語で「ナポリ風の」という意味があります。イタリアの「ナポリ」という地名がついていますが、じつは日本生まれの食べもの。イタリアには「ナポリタン」という料理はありません。

日本の夏休みは短すぎる！

イタリアの夏休みは3か月！海や山でゆっくりすごす

　日本の学校は、夏休みが短いですね。イタリアでは6月10日ごろに学年が終わって、9月10日ごろから新学年になります。夏休みは3か月。夏休みのあいだは、家をはなれて、海や山で長い期間をすごします。おとなの夏休みは1か月くらいなので、子どもたちは1か月くらいは両親とすごし、そのほかはおじいちゃん、おばあちゃん、おじさん、おばさんなどとすごすこともあります。

　夏休みには宿題が出ます。わたしが子どものときは、むずかしい本を読んで、質問に答える課題などが出て、たいへんでした。新学期の直前にあわててやっていました。これはきっと、日本の子どももいっしょですね。

イタリアのビーチは、夏は休暇を家族とすごす人や観光客でにぎわっている。

イタリア　ビオレッティ・アレッサンドロさん

イタリアでは落第する人がいるけど……。

入学試験はないが、卒業試験がある

　イタリアは、小学校5年、中学校3年、高校2年までの10年間が義務教育です。

　中学校や高校に入るには、日本のような入学試験はないのが一般的ですが、卒業するときや、学年の最後には試験があって、それに合格しないと義務教育でも落第してしまいます。日本では落第する人がほとんどいないと知って、とてもびっくりしました。

説明のつもりが「言いわけ」だと思われる！

あやまるときに説明すると言いわけになるの!?

　日本で仕事をしていると、「あやまっていない」とおこられてしまうことが何度かありました。イタリアでは、何か行きちがいがあるときには、事情を説明して、おたがいの理解を深めようとします。しかし、日本で同じようにすると、「言いわけしないでちゃんとあやまってほしい」と言われてしまいます。

　いまは、なれてきましたが、ただあやまるだけよりも、説明をしたほうが理解しあえるのにと、残念に思います。

電話なのにおじぎをするのにびっくり！

相手から見えていないのにおじぎをするのがおもしろい

　はじめて日本に来たとき、スーツを着た人たちが電話をしながらおじぎをしているのを見て、おどろきました。相手から見えていないのに、自分の気持ちを動作で表すところがおもしろく、日本人の礼儀正しさがよく出ている行動だと思います。

　それから10年以上たって、多くの日本人と仕事をして、日本でくらすようになりました。最近では、わたしも電話中におじぎをしていることに気がつきました。相手に見えなくても自分の気持ちが伝わるようにと、動作に出てしまうのです。

データ調べ イタリアをもっと知ろう！

❶ 正式名称	イタリア共和国	
❷ 首都	ローマ	
❸ 面積	30万2,000km² （日本は37万8,000km²）	
❹ 地勢	南北にのびる長ぐつの形をしたイタリア半島とシチリア島、サルデーニャ島など多数の島からなる。	
❺ 人口	5,936万人〈2017年〉（日本は1億2,558万4,000人〈2017年〉）	
❻ おもな言語	イタリア語（公用語）	
❼ 民族	ほとんどがイタリア人。そのほか、アルバニア人、アラブ人、ドイツ人など。	
❽ 宗教	80％以上がキリスト教のカトリック。そのほか、イスラム教など。	
❾ 通貨	ユーロ	
❿ 日本とローマの時差	日本より8時間おそい（夏時間＊では7時間おそい）	
⓫ 東京とローマの距離	9,881km	
⓬ ローマの平均気温	〈1月〉8.4℃　〈7月〉23.9℃（東京の平均気温は、〈1月〉5.2℃、〈7月〉26.4℃）	
⓭ 平均寿命	男性81歳、女性85歳〈2015年〉（日本は男性81歳、女性87歳〈2015年〉）	
⓮ 日本にくらすイタリア人の数	3,824人〈2016年〉	
⓯ イタリアにくらす日本人の数	1万3,808人〈2016年〉	
⓰ 世界遺産登録数	53件〈2017年〉	

＊夏時間：日の出の時刻が早まる夏の約6か月間、時計の針を1時間進める制度。

ローマにある世界遺産の円形競技場「コロッセウム」。

ミラノの教会にあるレオナルド・ダ・ヴィンチの『最後の晩餐』。

⓱ 日本との貿易

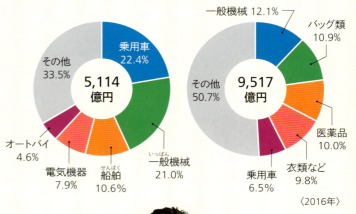

◆ 日本からイタリアへの輸出
5,114億円
- 乗用車 22.4%
- 一般機械 21.0%
- 船舶 10.6%
- 電気機器 7.9%
- オートバイ 4.6%
- その他 33.5%

◆ イタリアから日本への輸出
9,517億円
- 一般機械 12.1%
- バッグ類 10.9%
- 医薬品 10.0%
- 衣類など 9.8%
- 乗用車 6.5%
- その他 50.7%

〈2016年〉

世界遺産の数が世界一のイタリアにぜひ遊びに来てね！

※データの出典は48ページ。

声優・タレント
ジェーニャさん

ロシア
から来た
ジェーニャさん
に聞きました

わたしが来日した理由

日本のアニメが好きでプロの声優になりたかったからです。

ジェーニャさんと日本のつながり

- **37年前**
ロシア（当時はソ連）のシベリア連邦ノボシビルスク市で生まれる。

- **18年前**
日本のアニメを紹介するウェブサイトを立ちあげる。

- **13年前** 来日！
大学を卒業後、声優をめざして来日。

- **9年前**
アニメ映画『エヴァンゲリオン新劇場版：破』で声優デビュー。

- **現在**
声優のほか、歌手やタレント、ロシア語の監修など、はば広く活躍中。

Q. 日本に興味をもったきっかけは何ですか？

わたしは、子どものころからゲームやアニメが大好きでした。当時のロシアでは、ときどき日本のアニメが放送されていて、なかでも16歳のときに見たテレビアニメ『美少女戦士セーラームーン』に夢中になりました。その音声は、日本語のセリフの上にロシア語のセリフを重ねたもので、日本の声優さんの声も聞くことができました。

日本の声優さんの声は抑揚があって、かわいい感じ。はじめて聞く日本語のひびきに心がひきつけられ、インターネットで日本のアニメや声優さんのことを調べるようになりました。

Q. どうして日本に来ることになったのですか？

大学では情報技術（IT）を学びました。日本のアニメを紹介するウェブサイトをみずから立ちあげ、ときどき日本のアニメソングなどを歌って公開していました。それが日本のアニメファンやテレビ関係者のあいだでも話題になり、日本に招待してもらえることになったのです。

はじめての日本は、何もかもが新鮮。街はとてもきれいで、便利で、ぜったいに日本に住もうと決意しました。帰国してから本格的に日本語を学び、大学を卒業後、声優をめざして来日しました。

夢中で見ていた『美少女戦士セーラームーン』。
©武内直子・PNP・東映アニメーション

● ジェーニャさんの母国・ロシア

ノボシビルスク市の冬の平均気温は－30～－20℃と非常に寒い。

日本での仕事とくらし

来日してから4年目で声優デビュー。結婚、出産も経験したジェーニャさんに聞きました。

アニメやゲームの知識をいかしはば広い仕事に挑戦

日本に来てすぐのときは、まだ日本語がうまく話せずたいへんでした。ロシア語ではいえるジョークが、日本語ではまったくいえず、一人ぼっちになることも。それでもめげずに、ロシア語や英語をいかした仕事や、メイド喫茶などでアルバイトをつづけ、日本語も少しずつ上達していきました。

来日して4年後に、ようやく声優デビューを果たしました。アニメのセリフの収録では、プレスコやアフレコ*という方法で声を録音することが多く、状況にあわせて演技をするのはたいへんです。いまは、アニメ映画『ガールズ＆パンツァー劇場版』のクラーラ役をはじめとした声優の仕事や、NHK Eテレの語学番組『ロシアゴスキー』への出演、ロシア語の監修や発音指導、歌手など、さまざまな分野で仕事をしています。

歌手としてゲーム音楽専門のオーケストラコンサート「Game Symphony Japan」を日本とロシアで開催。司会もつとめている。

シングルCD『夢の街、私の街』。声優やタレントのほか、歌手としても活躍するジェーニャさん。

テレビアニメの録音の様子。将来の夢は、アニメの主題歌を歌うことだという。

ジェーニャさんのある1日

- **7:30** 起床 ▶ 夫と娘のしたくの手伝いと朝ごはんの準備。
- **8:30** 娘を保育園に送る
- **9:00** 仕事に出かける ▶ 声優の仕事やテレビ番組の収録などを行う。
- **14:00** 昼食・移動
- **15:00** 帰宅 ▶ 自宅で家事などをする。
- **17:00** 娘のおむかえ ▶ 帰ったら娘と遊んだりお風呂に入れたりする。
- **19:00** 夕食 ▶ 食べ終わったら、テレビなどの趣味の時間。翌日の保育園の準備などもする。
- **24:00** 就寝

*プレスコやアフレコ：先に声を録音して、それに合わせて映像をつくる方法をプレスコ（プレ・スコアリングの略）、映像を先につくり、それに合わせて声を録音する方法をアフレコ（アフター・レコーディング）という。

娘のエミリちゃんとよく近所を散歩する。

ジェーニャさんお気にいりのロシア料理店のボルシチ。

ロシア語やアニメ、ゲームの知識をいかし、わたしだからできる仕事にこだわっています。

日本人の夫と娘の3人家族

昨年母となり、いまは娘が中心の生活です。毎朝、娘を保育園に送ってから仕事をこなし、夜は家族との時間を大切にしています。日本人の夫はIT関係の仕事をしていて、わたしの仕事にもいろいろとアドバイスをしてくれる心強い存在です。でも、ともばたらきで子育てをするのはたいへんなので、ときどきロシアの母が手伝いに来てくれます。

娘が生まれてからはバランスのいい食生活に

ロシアとくらべると、日本は買いものをするのも食事をするのも、何もかもが便利です。一人ぐらしをしていたころは外食が中心で、オムライスやお好み焼きなど、なんでも好きなものを食べていました。

娘が生まれてからは、野菜をいっぱい食べたり、あまいものをひかえたりと、バランスのいい食事に変わってきたと思います。苦手な食べものは、からいもの。からい料理は暑い国に多く、寒いロシアにはあまりないのです。

ロシアの伝統料理で有名なのは、野菜を煮こんだスープ「ボルシチ」や、ポテトサラダににた「オリビエサラダ」。ときどき祖国の味が恋しくなって、東京都内のロシア料理店に食べに行くこともあるし、実家に帰るとかならず母につくってもらいます。

こんなことまで聞いてみました！

Q. ロシアのユニークな料理は？

「ニシンのサラダ」

別名「毛皮をまとったニシン」という、ニシンの酢づけやジャガイモ、野菜のビーツなどを重ねたケーキ状のサラダです。お祝いの席でよく食べられます。

Q. ロシアでさかんなスポーツは？

「スノーボード」

ロシアにはたくさんのスキー場があり、スキーやスノーボードは人気のスポーツ。わたしは運動が苦手ですが、スノーボードは大好きです。

大切な人とのつながり

ジェーニャさんにロシアにいる家族や、これまでに出あった人のことを聞きました。

仕事にもいかされている軍人だった父の教え

わたしの父はロシア軍の軍人でした。子どものころ、父から仕事の話を聞いていたおかげで、わたしも軍隊のことや兵器のことにくわしくなりました。声優デビュー作、アニメ映画『エヴァンゲリオン新劇場版：破』など、軍隊で使うことばが出てくるアニメの仕事をいただくことも多く、当時の知識がいかされています。

わたしが初来日したときは、父も同行してくれて、いっしょに秋葉原やプロの声優さんの収録現場などに行きました。いまでもとても感謝しています。

人前で話すのがじょうずなお父さんと（写真左）。左から弟さん、お母さん、ジェーニャさん、お父さん（写真右）。

ささえてくれたファンの方々

プロの声優をめざして、ロシアからやってきた女の子はめずらしかったようで、来日当初から応援してくれる人たちがいました。声優への道のりはけっしてらくではなかったけれど、あきらめずにつづけられたのは、いつも応援してくれるファンのみなさんのおかげです。

誕生日ライブでほかの出演者やファンといっしょに。

父の仕事が声優の仕事で役にたちました！

家族に聞きました

ジェーニャはやると決めたらぜったいに曲げない子でした。

母 **タチアナ**さん

物資がとぼしかったソ連時代

ジェーニャは本をよく読み、記憶力がよく、歌うことも好きな子でした。15歳のときにテレビのゲーム番組に出演したこともあり、将来はふつうの仕事にはつかないだろうなと思っていました。ジェーニャが日本に行きたいといったとき、さみしい気持ちはありましたが、いちど決めたことはぜったいに曲げない子だとわかっていたので、反対しませんでした。

ジェーニャが子どものころは、ソビエト連邦（ソ連）が崩壊し、ロシアが誕生した激動の時代です。ソ連時代は、食糧や衣服などはすべて配給制で、物資や情報にとぼしく、不便な生活をしいられることが多くありました。わたしたちは一時期、チェコでくらしたこともあり、ジェーニャは海外に住みたい気持ちが強かったのでしょう。

「日本とロシアは遠いけれど、ひんぱんに連絡をとりあっているのでさみしくはない」とジェーニャさん。

タチアナさんといっしょでご機嫌の、孫娘のエミリちゃん。

日本の温泉がお気にいり

ジェーニャに娘が生まれてからは、わたしも孫の顔を見に、ひんぱんに日本に来ています。日本の街はとてもきれいで、食事もおいしいですね。日本の温泉もお気にいりです。

ロシアでは、「バーニャ」というサウナが人気です。サウナに入りながら、白樺の小枝で体をたたき、熱くなったら外に出て雪のなかに飛びこんだりもするんですよ。もしロシアに来ることがあったら、ぜひ体験してみてください。

ロシアでのコンサートに感激

数年前からジェーニャはロシアでの仕事もふえ、ノボシビルスク市で行われたコンサートを見に行ったこともあります。夢をかなえてがんばっている娘を、とてもほこりに思います。これからも女性として、母としての幸せを大切にしながら、声優の仕事をがんばってほしいと思います。

ジェーニャさんの ここにびっくり！ロシアと日本

日本の料理はバラエティゆたか！

どこにいても新鮮(しんせん)な食材が手に入る 日本では何を食べてもおいしい

> 卵(たまご)のなかにごはんが入っているなんてびっくり！

　ソ連時代にくらべると、いまのロシアではいろいろなものが食べられるようになりました。それでも、ロシアの冬はとても長く、野菜などはあまり育たないので、生の食材は夏のうちにたくさん食べておこうという傾向(けいこう)があります。自分の家の庭で野菜を育てている人もたくさんいます。

　日本に来て、食べものの種類の多さにおどろきました。日本では一年中、どこにいても新鮮な食材が手に入り、その種類も豊富(ほうふ)です。そうしたさまざまな食材を使っているので、メニューや味つけもたくさんあります。しかも、何を食べてもおいしいので、来日したばかりのころは、食べすぎて太ってしまったほどです。

　なかでも、わたしの大好きな日本の料理は「オムライス」です。オムライスは「洋食」といわれていますが、じつは日本生まれの食べものだったのですね。卵(たまご)とごはんという組みあわせは、ロシアにはありません。日本で知った、おいしい組みあわせです。

日本では洋服＝自分を表現するもの!!

ロシアの実家前に立つジェーニャさん。厚着していてもとても寒い。

「冬のショートパンツ」なんてロシアでは考えられない！

ロシアでは、冬には－30℃にもなります。かわいい洋服を着ても、その上から防寒着をどんどん着てしまうので、ファッションを楽しむどころではありません。日本で「冬のショートパンツ」が売られているのをはじめて見たときは、びっくりしました。ニット帽も寒いからかぶるのではなく季節感を出すため、というのも新鮮でした。

また、ロシアでは黒色やカーキ色など、暗い色の服が多いのですが、日本の服はほんとうにカラフル。洋服は自分を表現するためのものだと気づき、買いものがとても楽しくなりました。

ロシア ジェーニャさん

ロシアではずっと同じ学校に通うけど……。

小学校から高校までが同じ建てもののなかにある

日本は小学校、中学校、高校が、それぞれちがう場所にあるのがふつうのようですが、ロシアの学校は1年から11年生（小・中・高校）までが、すべて同じ建てもののなかにあります。また、夏休みは3か月。外でおもいきり遊べるのはこの時期だけなので、家族で黒海などのあたたかい地方へ行って、海水浴などを楽しみます。

ロシアのモスクワ市にある学校。ロシアの学校の多くは、小中高の一貫校だ。

ロシアの学校はとても大きいんだよ！

写真提供：Popova Valeriya / Shutterstock.com

思っていることはその場で言って！

日本人は思っていることを はっきり言わない

　ロシア人は思ったことをそのまま伝えますが、日本人は思ってはいても口にしないことが多いですね。

　はじめて声優の仕事をもらったとき、アフレコの現場で好きな声優さんといっしょになったので、あいさつのときに「ファンです」と伝えました。でも後日、友だちから、その声優さんが「そうした話は、これから仕事がはじまるというときに言うのではなく、仕事が終わってからにしてほしかった」と言っていたと聞いたのです。あとで友だちに話すのではなく、その場でわたしに言ってくれていたらよかったのに、と思いました。

日本の家はロシアよりも寒い!?

ロシアの家は防寒対策が万全 二重窓と暖房システムであたたかい

　日本とロシアでは、住宅のつくりがまったくちがいます。ロシアの家は、防寒のために窓は二重になっています。また、パイプのなかにお湯を通してあたためるセントラルヒーティングという暖房システムが、どの部屋にもそなえつけられています。日本のようなエアコンは、ほとんど使われません。さらに、ロシアでは地震がほとんどないので、建てものがこわれることはめったにありません。湿気が少ないのでカビが生えることも少なく、いちど家を建てると長もちします。

ほとんどのロシアの家では、窓際にヒーターがついている。

ロシアの室内は冬でもあたたかいよ。

データ調べ ロシアをもっと知ろう！

❶ 正式名称	ロシア連邦	
❷ 首都	モスクワ	
❸ 面積	1,709万8,000km²（日本は37万8,000km²）	
❹ 地勢	ユーラシア大陸北部の広大な部分をしめ、世界でもっとも広い面積をもつ。東は太平洋、西はバルト海に面する。	
❺ 人口	1億4,399万人〈2017年〉（日本は1億2,558万4,000人〈2017年〉）	
❻ おもな言語	ロシア語（連邦公用語）	
❼ 民族	約80％がロシア人。そのほか、タタール人やウクライナ人、バシキール人など100以上の民族。	
❽ 宗教	約60％がキリスト教（そのほとんどがロシア正教）。そのほか、イスラム教など。	
❾ 通貨	ルーブル	
❿ 日本とモスクワの時差	日本より6時間おそい	
⓫ 東京とモスクワの距離	7,502km	
⓬ モスクワの平均気温	〈1月〉−6.5℃　〈7月〉19.2℃（東京の平均気温は、〈1月〉5.2℃、〈7月〉26.4℃）	
⓭ 平均寿命	男性65歳、女性76歳〈2015年〉（日本は男性81歳、女性87歳〈2015年〉）	
⓮ 日本にくらすロシア人の数	8,306人〈2016年〉	
⓯ ロシアにくらす日本人の数	2,650人〈2016年〉	
⓰ 世界遺産登録数	28件〈2017年〉	

首都モスクワの中心部を流れるモスクワ川。

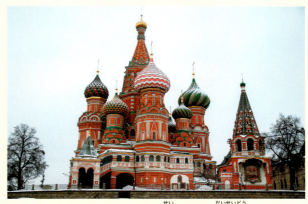

モスクワの赤の広場のシンボル「聖ワシリイ大聖堂」。

⓱ 日本との貿易

◆ 日本からロシアへの輸出　◆ ロシアから日本への輸出

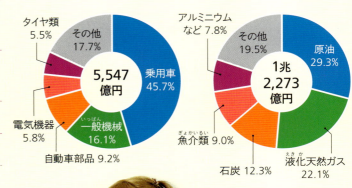

日本からロシアへの輸出 5,547億円
- 乗用車 45.7%
- 一般機械 16.1%
- 自動車部品 9.2%
- 電気機器 5.8%
- タイヤ類 5.5%
- その他 17.7%

ロシアから日本への輸出 1兆2,273億円
- 原油 29.3%
- 液化天然ガス 22.1%
- 石炭 12.3%
- 魚介類 9.0%
- アルミニウムなど 7.8%
- その他 19.5%

〈2016年〉

「世界でいちばん広い国に遊びに来てね！」

※データの出典は48ページ。

タレント・実業家
把瑠都(バルト)さん

エストニア
から来た
把瑠都(バルト)さん

に聞きました

※把瑠都は力士時代の四股名(しこな)で、本名はホーヴェルソン・カイドさんという。

わたしが来日した理由

日本で相撲にチャレンジしたいと思ったからです。

把瑠都さんと日本のつながり

- **34年前**
  エストニアのラクベレ市で生まれる。3人きょうだいの次男。

- **22年前**
  国際相撲連盟の人から、はじめて相撲の指導を受ける。

- **15年前** 来日！
  日本大学の相撲部にスカウトされて、来日。尾上部屋に所属。最高位は東の大関。

- **5年前**
  現役を引退。エストニアにもどったのち、ふたたび来日する。

- **現在**
  タレント、格闘家として活躍中。

Q. 日本に興味をもったきっかけは何ですか？

12歳のときに、はじめてとった相撲です。国際相撲連盟の人が、わたしの住んでいたラクベレ市に相撲の指導で来たのです。なぜ裸で格闘技をするのか不思議でしたが、力と力の勝負はおもしろかったです。そのあと、ちょうど家の近くにあった柔道の道場に、相撲も好きな先生がいたので、相撲を教えてもらいました。

バスケットボールもやっていましたが、体格がよくなったので、格闘技のほうが向いていると思いました。

Q. どうして日本に来ることになったのですか？

18歳のときに地元の相撲大会で優勝したことがあり、日本大学の相撲部にスカウトされました。新しいことに挑戦するのが好きなので、日本でプロとして相撲をやってみたいと思い、19歳で日本に来ました。

来日前に見ていた映画の影響で、日本は侍の国というイメージが強く、男の人はみんな、ちょんまげをゆって武道をやっているのだと思っていました。ちょっとこわそうだけれど、侍も相撲もかっこよくてあこがれもありました。

力士時代、化粧まわし姿の把瑠都さん（中央）。

把瑠都さんの母国・エストニア

ラクベレ市には、14世紀にデンマーク人が建てたラクベレ城がある。

日本での仕事とくらし

現在は、タレントや格闘家として活躍する把瑠都さんに、仕事とくらしについて聞きました。

旅番組で田舎に行くのが楽しい

20歳から8年間、大相撲の世界でがんばりました。28歳で大相撲を引退してから、いったんエストニアにもどりましたが、いまはまた、日本でタレント活動をしています。テレビのバラエティ番組や旅番組に出演していますが、仕事によって起きる時間はバラバラです。行く先もテレビ局だったり、旅番組で地方都市だったりといろいろです。

旅番組のときは朝早く起きて、飛行機や新幹線で移動し、その土地の人に会ったりおもしろい場所を見たりして、その日の夜おそくに東京にもどってきます。行き先が北海道でも1日で往復するため、とてもいそがしいのですが、その土地にくらしている人の話が聞けるし、各地の名産品も食べられるので楽しいです。

とくに田舎に行くと、道が広くて緑があふれていて気持ちがいいなと感じます。海と緑の多いところが好きなのは、エストニアとにているからかもしれません。

育ったところが田舎で、小さいころから農業の手伝いをしていたので、田舎で畑仕事をしたいなと思うこともあります。

力士を引退するときに記念して制作した本。断髪式には、妻のエレナさんも着物で参加した。

旅番組の収録で北海道の釧路までやって来た把瑠都さん。

ドラマや舞台、演技にも挑戦中！

テレビドラマや舞台に出演するなど、しばいにも挑戦しています。たとえば1日に2回、昼と夜に舞台に立つときは、8時ごろに起きて11時ごろに劇場に入り、午後1時半から昼の舞台がはじまります。

テレビドラマで悪役を演じたときの台本。

テレビ番組の収録前にはスタッフと打ち合わせをして番組の内容を確認する。

夜の舞台が終わってほっとするのは、夜10時くらいです。

しばいの世界のことは、まだよくわかりませんが、いまのところセリフは少ないですし、演技もむずかしいとは思いません。相撲や旅番組は体を使うことが多いですが、しばいではどうしたらおもしろいか、この人の気持ちはどうだろうかと頭を使っています。

つりが大好きで新潟県まで行く

じつは、わたしも妻も魚つりが大好きです。子どもが生まれてからは、なかなか遠出ができませんが、自分で車を運転して東京都から新潟県の上越地方まで魚つりに行くこともあります。

つった魚は、知りあいの料理店で調理してもらって食べます。とくに焼き魚が好きです。エストニアも海に面しているところがあるので、魚はよく食べています。

大好きなつりを楽しむ把瑠都さん。妻のエレナさん（奥）といっしょに行くこともある。

こんなことまで聞いてみました！

Q. 趣味は何ですか？

「古いコイン集め」

アンティーク・コインを集めるのが好きです。古いものだったり、いまでは世に出回っていない硬貨に出あうと、うれしくなります。偶然見つけた旧500円玉（写真）は、使わずに大事にとってあります。

Q. 好きなスポーツは？

「相撲、格闘技、バスケットボール」

相撲や格闘技、バスケットボールは、観戦するだけでなく、自分ですることも好きです。2016年には、総合格闘技の試合（写真）に出場したこともあります。

大切な人とのつながり

故郷であるエストニアへの想いが深い把瑠都さんに、家族や故郷のことを聞きました。

家族とすごす時間がいちばん

ロシア出身の妻と9か月になる息子との3人家族です。エストニアでは、家族ですごす時間がとても大切にされています。いまは仕事がいそがしくて休日が少ないですが、休みの日は子どもといっしょに家の近くの隅田川ぞいを散歩しています。

妻のエレナさん、息子のタールくんと。休日は3人でよく出かける。

母とは毎週、電話をする

父は、わたしが子どものころになくなりました。わたしたち3人きょうだいを一生懸命育ててくれた母に、とても感謝しています。故郷の母とは、週に何度か電話をします。母は農業と宿泊ロッジの仕事をしているので、その話を聞いたり、わたしの家族のことを話したりします。エストニアは情報技術（IT）大国で、子どもから老人まで、だれもがスマートフォンやパソコンを使っています。兄や妹とはメールで連絡することが多いです。

子どものころの3人きょうだい。左から把瑠都さん、妹さん、お兄さん。

故郷の村の消防車は「バルト号」

以前、故郷の村で火事が起こったのですが、近くに消防署がなく、消防車がなかなか到着しないということがありました。生まれ育った大好きな村の人たちが火事の心配をしなくていいように、2台の消防車を村へ寄付し、自分で消防団まで結成してしまいました。

バルト号の前で妻のエレナさん、息子のタールくんと。

息子にはたくましく育ってほしいと願っています！

友人に聞きました

いっしょにお酒を楽しむ大切な友人です。

会社の経営者
ユリソー・ヤンノさん

知りあってすぐに意気投合

把瑠都さんとは、12年前からのつきあいです。わたしが、旅行で日本に来たときに知りあいました。そのころ、把瑠都さんはまだ有名な力士ではありませんでしたが、わたしは把瑠都さんの名前を聞いたことがありました。はじめて会ったときから、おたがいにエストニア出身ということで話が合い、すぐに仲よくなりました。

ヤンノさん(右)とは妻のエレナさん(中央)も仲がよい。

2人ともスポーツが大好き

把瑠都さんとは、週に2〜3回会って、公園でバスケットボールをするなど、体を動かしたり、いっしょに魚つりに出かけたりしています。以前は、川の近くに住んでいたので、朝から河川敷でサッカーを楽しみ、そのあとサウナに入ったりもしていました。サウナは、エストニアでは一般的で、把瑠都さんもわたしも大好きです。

あとは、いっしょにお酒を飲んだりもします。エストニア人はお酒が強く、ウォッカやワイン、夏はシードルというリンゴのお酒をよく飲みます。リラックスしながら、いっしょに飲んだり食べたりするのが楽しいです。

ときには仕事の話もする

把瑠都さんは、エストニアでは実業家として宿泊ロッジの経営や水産関係の仕事もしています。わたしも日本で、エストニア食品の輸入や販売の仕事をしているので、ときには仕事の話をしたり、協力してもらったりすることもあります。

日本は、ビジネスのシステムがとても正確でトラブルが少ないです。わたしはそれがとても気にいっていて、ずっと日本で仕事をしたいと思っています。把瑠都さんもそうだと思います。将来は日本でも、タレント活動以外の仕事をしてくれるかもしれませんね。

週に2〜3回は会って、スポーツやエストニアのことなどを話している。

把瑠都さんの ここにびっくり！エストニアと日本

ポテトサラダをパンにはさむなんて!?

エストニアのクリスマスには欠かせないブラッドソーセージ。材料に血液を加えているため、一般的なソーセージにくらべて色が黒っぽい。

エストニアでよく食べられている食材を使った把瑠都さんの手づくり料理。右奥がポテトサラダ。

エストニアでは肉といえば豚肉なんだよ！

ドイツやロシア料理ににているエストニア料理

　エストニアの料理は、歴史的に関係の深いドイツの影響で黒パン、キャベツ、ジャガイモがよく使われます。また、国境を接するロシアの影響で、豚肉料理が多いという特徴もあります。

　わたしは料理が大好きで、家族のためにポテトサラダやカルボナーラをよくつくっています。じつは、エストニアの代表的な家庭料理は、ポテトサラダです。それぞれの家によって、味もなかみもちがいます。日本で、ポテトサラダをパンにはさんだ「ポテサラサンド」が売られているのを見たときは、「こんな食べ方があるの!?」と、おどろきました。

　また、クリスマスにはブラッドソーセージ*を食べる伝統があるのですが、日本ではあまり見かけず、残念ですね。

＊ブラッドソーセージ：「ブラッド」は英語で「血液」という意味。

はたらきすぎの日本人が心配！

エストニアでは自分の時間も大事にされている

　日本人は、はたらきすぎていると思います。仕事が終わる時間をすぎても、ほかの人が仕事をしていると帰れないこともあると聞きました。仕事は決められた時間で終えて、プライベートな時間も大事にしたほうがいいと思います。

　子どもも、学校が終わってからの塾や習いごとが多いそうですね。はたらきすぎやいそがしすぎが体に悪いのではないかと心配です。

　エストニアでは、仕事が終わったら家族とゆっくりすごしますし、子どもは家の仕事を手伝います。

エストニア　把瑠都さん

紙のむだづかいが気になる！

エストニアはIT先進国 紙はあまり使わない

　日本でおどろいたのは、紙をとてもたくさん使うことです。テレビの仕事では、出演者全員に台本をわたしますが、終わったらすててしまうので、ほんとうにもったいない！　紙をつくるために、森の木やエネルギーがどれだけ使われているか、考えてほしいです。

　エストニアでは、パソコンやIT機器が広く普及しています。メールやインターネットの技術を活用することで、書類のやりとりはもちろん、お金の支払いも電子化が進み、紙はあまり使われなくなっています。

紙のむだづかいをなくすことを、みんなで考えよう。

大人になっても親と住んでいる人が多い！

エストニアでは20歳くらいで親元をはなれる

　日本では、おとなになっても、結婚しても、親といっしょにくらしている人が多いと知って、びっくりしました。エストニアでは、20歳くらいで親元からはなれて、1人でくらします。でも、週末には親の家に帰るし、家族の誕生日やクリスマスには家族がそろいます。日本の若者が親に電話をしないとか、家に帰らないと聞くと悲しいことだなと思います。

日本人は便利なことになれすぎ!?

人と会って話すことも大事にしてほしい

　スマートフォンはメールで連絡しあったり、情報を手に入れたり、音楽を聴けたりするので便利ですが、一方で、まわりに注意が向かなくなり、危険などに気づく能力が低くなることもあります。便利すぎて自分で考えなくなったり、人とのつきあいがうまくできなくなる人もいて心配です。

　テレビやスマートフォンで見たからいいと思うのではなく、じっさいにいろいろな場所に行ってみたり、いろいろな人と話してみたりすることも大事にしてほしいですね。

データ調べ エストニアをもっと知ろう！

❶	正式名称	エストニア共和国
❷	首都	タリン
❸	面積	4万5,000km²（日本は37万8,000km²）
❹	地勢	バルト海とフィンランド湾に面した国で、東はロシアと接し、フィンランド湾をはさんで北にはフィンランドがある。
❺	人口	131万人〈2017年〉（日本は1億2,558万4,000人〈2017年〉）
❻	おもな言語	エストニア語（公用語）
❼	民族	約70％がエストニア人。そのほか、ロシア人、ウクライナ人、ベラルーシ人、フィンランド人など。
❽	宗教	無宗教34.1％、福音ルーテル派13.6％、正教12.8％、バプテスト0.5％、カトリック0.5％など。
❾	通貨	ユーロ
❿	日本とタリンの時差	日本より7時間おそい（夏時間*では6時間おそい）
⓫	東京とタリンの距離	7,897km
⓬	タリンの平均気温	〈1月〉-3.3℃ 〈7月〉17.2℃（東京の平均気温は、〈1月〉5.2℃、〈7月〉26.4℃）
⓭	平均寿命	男性72.4歳、女性82.1歳〈2015年〉（日本は男性81歳、女性87歳〈2015年〉）
⓮	日本にくらすエストニア人の数	497人〈2016年〉
⓯	エストニアにくらす日本人の数	130人〈2016年〉
⓰	世界遺産登録数	2件〈2017年〉

＊夏時間：日の出の時刻が早まる夏の約6か月間、時計の針を1時間進める制度。

首都タリンの旧市街は、世界遺産に指定されている。

玉ねぎ型の屋根「クーポル」が特徴的な、アレクサンドル・ネフスキー大聖堂。

⓱ 日本との貿易

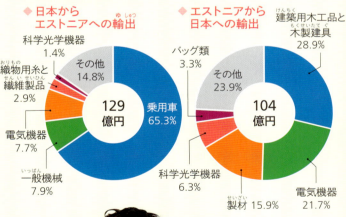

◆ 日本からエストニアへの輸出　129億円
- 科学光学機器 1.4％
- 織物用糸と繊維製品 2.9％
- その他 14.8％
- 乗用車 65.3％
- 電気機器 7.7％
- 一般機械 7.9％

◆ エストニアから日本への輸出　104億円
- 建築用木工品と木製建具 28.9％
- バッグ類 3.3％
- その他 23.9％
- 科学光学機器 6.3％
- 製材 15.9％
- 電気機器 21.7％

〈2016年〉

「自然がゆたかなエストニアに遊びに来てね！」

※データの出典は48ページ。

さくいん（五十音順）

あ行

IT（アイティー）	27、29、40、43
赤の広場	27、35
アシスタント	11
アニメ	27、28、29、30
アニメソング	27
アフレコ	28、34
アンティーク・コイン	39
イギリス人	12、13
イスラム教	15、25、35
イタリア共和国（きょうわこく）	25
イタリア語	20、25
イタリア人	19、21、25
イタリア料理	18、19、22
イラストレーター	17、18、21
イングランド人	15
英語	8、10、11、15、20、22、28
英語落語	7、8
エヴァンゲリオン新劇場版（しんげきじょうばん）：破（は）	27、30
エストニア共和国（きょうわこく）	45
エストニア語	45
エストニア人	41、45
エストニア料理	42
絵本	17、18
大阪（おおさか）	7、9、10
大阪城公園（おおさかじょう）	9
大相撲（おおずもう）	38
オールドローズ	12
お茶子（ちゃこ）	8
オムライス	29、32
オリビエサラダ	29

か行

ガーデニング	12
格闘家（かくとうか）	37
格闘技（かくとうぎ）	37、39
華道（かどう）	7
空堀商店街（からほり）	9
カルボナーラ	42
義務教育（ぎむ）	23
着物	9、11、14
キャラクター	18
キューガーデン	12
キリスト教	15、25、35
クリスマス	42、44
グレートブリテンおよび北（きた）アイルランド連合王国（れんごうおうこく）	15
ゲーム	27、28、29、31
国際相撲連盟（こくさいすもうれんめい）	37
黒海（こっかい）	33
古典落語	9

さ行

在留外国人（ざいりゅう）	3
サウナ	31、41
茶道（さどう）	7、8、9
侍（さむらい）	37
地震（じしん）	34
柔道（じゅうどう）	37
情報技術（じょうほうぎじゅつ）	27、40
消防車（しょうぼうしゃ）	40
水泳	19
寿司（すし）	9
スターリング=ポンド	15
スノーボード	29

スパゲッティ	22	バスケットボール	37、39、41
相撲(すもう)	37、39	パスタ	22
スラムダンク	17	バルーンアート	10
声優(せいゆう)	27、28、30、34	東日本大震災(ひがしにほんだいしんさい)	10
世界遺産(いさん)	15、25、35、45	美少女戦士セーラームーン	27
セントラルヒーティング	34	ヒンドゥー教	15
総合格闘技(そうごうかくとうぎ)	39	ブラッドソーセージ	42
ソ連(ソビエト連邦(れんぽう))	27、31	プレスコ	28

た行

宅配便(たくはいびん)	14	ベジタリアン	9、11、13
タリン	37、45	訪日外国人(ほうにちがいこくじん)	3
タレント活動	38、41	ポテトサラダ	29、42
使いすてカイロ	14	ボルシチ	29

ま行

手ぬぐい	8	漫画(まんが)	17
テレビドラマ	38	まんじゅうこわい	9
伝統文化(でんとう)	7	モスクワ	27、35
伝統料理(でんとう)	29		

や行

東京	17、19、20、38	ユーロ	25、45
ドラゴンボール	17		
トリノ	17		

ら行

落語	7、8、9、10
落語家	7、8

な行

夏休み	23、33	ラクベレ	37
ナポリタン	22	リバプール	7、9
ニシンのサラダ	29	ルーブル	35
日本語	8、10、11、17、21、27、28	ローマ	17、25
日本人	13、19、21、24、29、34、43、44	ロシア語	27、28、29、35
日本文化	9	ロシアゴスキー	28
ノボシビルスク	27、31	ロシア人	34、35
		ロシア連邦(れんぽう)	35
		ロンドン	7、12、15

は行

わ行

バーニャ	31	和食	18、19
バイリンガル	6		
バガボンド	17		

監修

佐藤 郡衛(さとう・ぐんえい)

明治大学国際日本学部特任教授。1952年福島県生まれ、東京大学大学院博士課程修了。博士（教育学）。東京学芸大学国際教育センター教授、東京学芸大学理事・副学長、目白大学学長、外務省海外交流審議会委員、文部科学省文化審議会 国語分科会 日本語教育小委員会委員等を歴任。著書『異文化間教育』、『国際理解教育』（ともに明石書店）など多数。

取材協力
- ダイアン吉日オフィス
- HOPKEN
- 株式会社ケイハイブ
- 株式会社オフィス北野
- 岡本写真事務所

写真協力
- Pixabay
- 写真AC
- photolibrary
- shutterstock
- PIXTA

スタッフ

編集・執筆	宮本幹江
	安藤千葉
	吉田美穂
	須藤智香
撮影	大森裕之
	櫟原慎平
	糸井康友
	舩田 聖
イラスト	いのうえしんぢ
	上垣厚子
校正	佐野悦子
	板谷茉莉
デザイン・DTP	ごぼうデザイン事務所
編集協力	桑原順子
	遠藤喜代子
編集・制作	株式会社 桂樹社グループ

※P15、25、35、45のデータの出典
①〜③,⑤〜⑨,⑫,⑬,⑰『データブック オブ・ザ・ワールド2018年版』二宮書店　③外務省ウェブサイト「国・地域」　⑩,⑪『理科年表 平成30年版』丸善出版　⑪国土地理院ウェブサイト「距離と方位角の計算」⑫気象庁ウェブサイト「世界の天候データツール」⑬『世界の統計2017』総務省　⑭「在留外国人統計（2017年6月末）」法務省　⑮「海外在留邦人数調査統計（平成29年要約版）」外務省　⑯"World Heritage List" UNESCO

※本書で紹介している見解は個人のものであり、また、風習には地域差や各家庭による差があることをご了承ください。

聞いてみました！
日本にくらす外国人 4
イギリス・イタリア・ロシア・エストニア

発行　2018年4月　第1刷

発行者	長谷川 均
編集	松原 智徳
発行所	株式会社 ポプラ社
	〒160-8565 東京都新宿区大京町22-1
	振替　00140-3-149271
	電話　03-3357-2212（営業）
	03-3357-2635（編集）
	ホームページ　www.poplar.co.jp
印刷・製本	共同印刷株式会社

ISBN978-4-591-15755-8　　N.D.C.375　47p　29cm　Printed in Japan

- 本書のコピー、スキャン、デジタル化等の無断複製は著作権法上での例外を除き禁じられています。本書を代行業者等の第三者に依頼してスキャンやデジタル化することは、たとえ個人や家庭内での利用であっても著作権法上認められておりません。
- 落丁本・乱丁本は送料小社負担にてお取り替えいたします。小社製作部宛にご連絡下さい。
　電話0120-666-553　受付時間は月〜金曜日、9:00 〜17:00（祝日・休日は除く）。
- 読者の皆様からのお便りをお待ちしております。いただいたお便りは編集部から制作者にお渡しいたします。

聞いてみました！日本にくらす外国人

N.D.C.375　　監修：佐藤 郡衛

全5巻

1 中国・韓国・フィリピン・ベトナム

2 インド・ネパール・トルコ・サウジアラビア

3 アメリカ・カナダ・ブラジル・コロンビア

4 イギリス・イタリア・ロシア・エストニア

5 オーストラリア・ニュージーランド・ナイジェリア・マリ

小学校高学年〜中学生向け　オールカラー
A4変型判　各47ページ
図書館用特別堅牢製本図書

★ポプラ社はチャイルドラインを応援しています★

こまったとき、なやんでいるとき、
18さいまでの子どもがかけるでんわ

チャイルドライン®
0120-99-7777
ごご4時〜ごご9時　＊日曜日はお休みです
電話代はかかりません　携帯・PHS OK